VIE DE
SAINT MAURAND

DUC & PATRON DE DOUAI

& FONDATEUR DE MERVILLE

PAR

M. POLLET

DOCTEUR EN THÉOLOGIE

et Chanoine de l'insigne église collégiale de Saint-Amé à Douai (1630)

QUATRIÈME. ÉDITION

AUGMENTÉE DE NOTES HISTORIQUES, D'UN SUPPLÉMENT.

et d'une

VIE DE SAINT MAURAND EN VERS DU XVIᵐᵉ SIÈCLE

DOUAI

LOUIS DECHRISTÉ PÈRE, IMPRIMEUR BREVETÉ

RUE JEAN-DE-BOLOGNE.

— 1885 —

SAINT MAURAND

VIE DE

SAINT MAURAND

DUC & PATRON DE DOUAI

& FONDATEUR DE MERVILLE

PAR

M. POLLET

DOCTEUR EN THÉOLOGIE

et Chanoine de l'insigne église collégiale de Saint-Amé à Douai (1630)

QUATRIÈME ÉDITION

AUGMENTÉE DE NOTES HISTORIQUES, D'UN SUPPLÉMENT

et d'une

VIE DE SAINT MAURAND EN VERS DU XVIᵐᵉ SIÈCLE

DOUAI

LOUIS DECHRISTÉ PÈRE, IMPRIMEUR BREVETÉ

RUE JEAN-DE-BOLOGNE.

— 1885 —

AVANT - PROPOS

DE L'AUTEUR

———

Bien que Dieu, pour les premiers fonde-
ments de son Eglise, n'ait point voulu se
servir des puissants et nobles de ce monde,
mais de pauvres pêcheurs, comme dit saint
Ambroise, craignant qu'on ne vînt attribuer
la conversion d'icelui à la prudence, aux richesses ou aux forces humaines ; il ne les re-
buta pas néanmoins tout-à-fait ; mais, selon
sa grande et secrète providence, il en choisit
quelques-uns d'entr'eux, sinon pour fonder
son Eglise, au moins ou pour l'amplifier, ou
l'orner de leurs rares et excellentes vertus.
Car, comme les nobles saphirs et les riches

1

émeraudes paraissent mieux et ont meilleure grâce sur la pourpre et les diadèmes des rois que sur le gros drap des artisans, ainsi la vertu a toujours plus de lustre et fait plus d'éclat dans les personnes des grands que dans une condition plus obscure.

Ceci se voit clairement en plusieurs saints personnages que Dieu fit reluire en sainteté et vertu, au travers de la pourpre royale, et parmi le lustre de leur noble extraction. Tels ont été le glorieux saint Venceslas, roi de Bohême; saint Henri, empereur; saint Etienne, premier roi de Hongrie; saint Edouard, roi d'Angleterre; saint Léopold, prince d'Autriche; saint Louis, roi de France; saint Amédée, duc de Savoie; saint Casimir, roi de Pologne, et avant tous ceux-ci, le très noble saint MAURAND, la vie duquel ayant été écrite passé longues années, nous allons remettre au jour, crainte qu'avec le temps elle ne vienne enfin à se perdre dans les ténèbres de l'antiquité.

VIE DE SAINT MAURAND

Saint MAURAND, vulgairement Morand, né en 634, fut d'une extraction non moins sainte que noble. Son père fut saint Adalbald (1), duc de

(1) Quand les Francs s'emparèrent du nord de la Gaule, Ragnaker, chef de l'une de leurs tribus, domina dans le pays de Cambrai et de Douai. Clovis ayant tué ce chef, Mauriana, sa femme, épousa le chef des Francs de Boulogne, et de ce mariage naquirent Wagon et Théobald. Théobald, duc de Douai, qui reçut des fils de Clovis, comme terre allodiale, l'Ostrevent, le pays de Pévèle, une partie de l'Artois et des domaines sur le bord de la Lys, Théobald donna naissance à sainte Gertrude, laquelle épousa Rikomeris, aussi prince du sang et seigneur de Boiry. Sainte Gertrude, qui mourut abbesse et fondatrice de l'abbaye de Hamage, près Marchiennes, où elle avait reçu le voile des mains de saint Géry, évêque de Cambrai, donna naissance à un fils unique, Ausbert, qui, après avoir épousé Blitilde, dite Gerbette, sœur du roi Dagobert, en eut trois fils : Adalbald, son héritier du duché de Douai; Erkembald, maire du palais sous Clovis II, et Sigefried, comte du Ponthieu. Adalbald, élevé dans la piété chrétienne par saint Amand, alla, en 626, à la cour de Clotaire, son grand-père, et de Dagobert, son oncle; en 633, Karibert, roi d'Aquitaine, de concert avec Dagobert, son demi-frère, envoya le duc Adalbald vers Toulouse, et le chargea de soumettre la province à son obéissance. Le duc ayant combattu et vaincu Hernold, chef des Visigoths, épousa sa fille, et reçut du roi, en récompense de ses services, le titre de vice-roi de Gascogne. Hernold, qui possédait un duché en Gascogne et une principauté à Toulouse, était

Douai, prince des plus nobles de la France, lequel fut par des haineux cruellement assassiné l'an 646, et l'on tient qu'ayant la tête coupée, il la porta, par le ministère des anges, en ses mains, dans l'église voisine, où se prosternant à genoux devant l'autel, il offrit à la divine Majesté et sa tête et sa vie pour ses ennemis (1).

Ce miracle, connu par toutes les terres voisines, avec plusieurs autres qui se firent à son sépulcre, donnèrent occasion de l'honorer comme martyr (2).

Sa mère fut sainte Rictrude, issue pareillement de noble race des ducs de Gascogne. Cette sainte dame, après la triste mort de son mari, fut gran-

---

parent du saint martyr Herménégilde, issu des rois Visigoths, qui tiraient leur origine des empereurs Arcade et Honorius. Sa femme, nommée Lucie, descendait des ducs d'Asturie et des rois de Navarre *(a)*.

(1) Manuscrits de Marchiennes.

(2) Saint Adalbald fut assassiné, près de Vésone, en Périgord, le 2 février, (jour auquel l'Eglise fait sa fête). Il fut inhumé alors au monastère royal d'Elnon, depuis nommé abbaye de Saint-Amand. La résolution fut prise avec le roi Dagobert de l'ensevelir audit monastère et de lui faire des funérailles dignes d'un saint martyr de la maison royale. La cour, les princes et la noblesse y assistèrent. (*Histoire Sacrée des Saints Ducs et Duchesses de Douai*, page 52, in-4°, Douai, 1637, veuve Marc Wion, par le R. P. Martin Lhermite).

(*a*) Voir *Chroniques de Marchiennes*, pages 206, 207, 263 et 264; — *De Morinis*, Malbranck; — Hucbald, *Vie de sainte Rictrude*, ch. 7; — Alcuin, cité par Vredius, *Histoire des Comtes de Flandre*, page 12;— *Histoire des Saints de Lille, Douai et Orchies.*

dement sollicitée, même par le roi de France (Erquenvalde, frère de saint Adalbald, son mari, étant alors l'un des premiers de la cour), de convoler en secondes noces; mais, fortifiée de l'esprit de Dieu, et aidée par le conseil et instruction que lui donna le très glorieux saint Amand, évêque d'Utrecht, elle tint ferme contre toutes ces importunités, et se détermina, nonobstant la disgrâce du roi et tout ce qui en pouvoit arriver, de demeurer en sa viduité, et consacrer le reste de ses jours au service de Notre Seigneur, en l'état de religion. Courage vraiment hardi, noble dessein et résolution généreuse, de mépriser si constamment les puissants attraits des richesses et délices mondaines, pour embrasser la croix de Jésus-Christ.

Elle choisit à ces fins l'abbaye de Marchiennes, lieu très propre, à cause de sa situation, pour vaquer à la contemplation des choses célestes, où, étant retirée, elle y assembla bon nombre de vierges, qu'elle gouverna avec une singulière prudence, discrétion et vertu exemplaire, et finit sa vie saintement, ainsi que le témoignent les fréquents et célèbres miracles faits par son intercession (1).

Or, de ce noble et saint mariage sont sortis de saints et nobles fruits, à savoir : saint MAURAND, le premier né, et trois filles : sainte Clotsende, sainte

(1) La fête de sainte Rictrude se célèbre le 12 mai.

Eusébie (1) et sainte Adalsende (2), lesquelles toutes, à l'exemple de leur mère, choisirent l'état de religion, et consacrèrent leur virginité à Dieu, et dont la première lui succéda au gouvernement du monastère de Marchiennes, et la deuxième gouverna celui de Hamage (3), après le trépas de sainte Gertrude, grand'mère de saint Adalbald.

(1) Eusébie eut pour parrain Dagobert, roi de France, qui vint à Douai à cette occasion. Ce fut pendant le séjour du roi que le duc Adalbald lui communiqua son dessein de rebâtir le château de Douai en forme de ville (a) et d'y ériger une belle église à Notre-Dame. Son frère Erkembald était de même volonté, et désireux de conférer et de donner ses trésors à cette entreprise magnifique. *(Histoire des saints Ducs et Duchesses de Douai*, page 48).

(2) On fait la fête de sainte Clotsende le 30 juin; celle de sainte Eusébie, le 16 mars; celle de sainte Adalsende, le 24 décembre.

(3) On lit à ce propos dans l'*Histoire sacrée des saints Ducs et Duchesses de Douai,* que sainte Rictrude ayant voulu réunir à Marchiennes les religieuses de Hamage pour ne plus former qu'un seul monastère, celles-ci, d'accord avec sainte Eusébie, qu'elles venaient d'élire abbesse, refusèrent d'obtempérer à cet ordre, se fondant sur la volonté contraire nettement formulée par sainte Gertrude avant sa mort. De là un conflit qui prit fin par une requête de sainte Rictrude au Roi, lequel enjoignit aux religieuses de Hamage de se réunir à celles de Marchiennes; elles vinrent donc s'y établir, emportant avec elles le corps de sainte Gertrude. Pourtant, toutes les nuits elles allaient à Hamage chanter les louanges de Dieu sous la conduite de sainte Eusébie, et revenaient à Marchiennes pour l'heure des matines; ce qui ne tarda pas à être connu de sainte Rictrude, qui interdit ces sorties nocturnes. Apprenant que malgré sa défense ces jeunes vierges continuaient leur pieux pèlerinage, elle s'en plaignit à saint MAURAND, qui se mit en embuscade et surprit sa sœur Eusébie au passage de l'eau avec ses religieuses. « Ainsi, à la

(a) La première ville avait été détruite par les Huns en 453.

Quelques-uns disent qu'il y eut un autre fils nommé Ursin (1), semblable aux autres tant en vertu qu'en profession de la vie continente, mais ces quatre sont plus renommés et connus.

Au temps de la naissance de saint MAURAND, vivait saint Richaire ou Riquier (2), prêtre et grand serviteur de Dieu, lequel annonça le saint Evangile aux pays d'outre-mer, au royaume de la Bretagne. Or, ce saint personnage, à cause de ses rares vertus, fut fort familier avec les parents de saint MAURAND. Ainsi les saints ne se plaisent nulle part mieux qu'en la conversation des saints, s'embrâsant toujours de plus en plus en l'amour de Dieu par leurs mutuels exemples. Cela leur donna occasion de choisir ce saint homme pour parrain de leur fils, priant de le lever des saints fonts de baptême. Joint qu'à l'heure que sainte Rictrude

» merci de la nuit, il charge l'enfant et la rudoie de fouets La nature
» seule l'aidoit à détourner la grêle des coups, pliant le tendre corps de
» part et d'autre, si peu heureusement qu'elle se glisse en un plus
» grand mal ; car en ténèbres elle choqua rudement le fer que le cavalier
» son frère (il n'étoit pas encore homme d'église) balançoit à côté, et
» en demeura blessée au-dedans du corps, comme il fut aisé à voir par
» la salive mêlée de sang qui pura par la bouche tout le reste de sa vie.
» Nonobstant cette rude rencontre et ce dur échec, Dieu, qui vouloit
» être servi et loué à Hamage, affermit la vierge en son saint propos
» plus que jamais, et alors la sainte mère plia d'elle-même à la volonté
» de sa fille qu'elle connaissoit être inspirée du Ciel, non sans l'aveu
» des prélats et des gens illustres qui en furent consultés. »

(1) Molanus, au 5 de mai des Natales des Saints de Belgique.

(2) Molanus, au 26 avril des Natales belgiques.

étoit en mal d'enfant, saint Riquier arriva à l'im-
proviste à la porte du logis ; et quand il fut entré
.en la chambre, il se mit en prières pour la déli-
vrance d'icelle, ce que Dieu lui accorda : car,
quand il eut achevé son oraison et fut sorti de la
place, aussitôt après elle accoucha heureusement
de ce divin enfant, ce qui redoubla le sujet aux
parents de lui faire ladite requête, comme ayant
obtenu ce fils par ses prières et mérites, et lui
donna au baptême non pas son nom, ni celui de
son père Adalbald, mais MAURAND, non sans quelque instinct et présage divin que ce seroit un jour
un homme mort au monde. Et pour ne point perdre la compagnie d'un tel personnage, saint Adalbald lui donna dans ses terres, proche de chez lui,
une place commode et spacieuse pour y ériger un
monastère, lequel fut appelé Centule, afin de jouir
plus librement de sa fructueuse conversation et de
ses saints discours.

Or, le diable, ennemi juré de notre salut, pré-
voyant bien que s'il était permis à cet enfant de
croître et venir en âge, il pourroit, imitant la sainteté et vertu de ses parents, et au moyen de la
bonne instruction qu'il tireroit de saint Riquier,
beaucoup endommager son royaume, il s'efforça
de l'étouffer dès le berceau, peu de mois après sa
naissance, et l'eût exécuté, sans doute, si Dieu ne
l'en eût empêché par sa divine providence. Le cas
fut tel : un jour, saint Riquier, étant venu visiter

sainte Rictrude, pour la confirmer dans les exercices de la vertu (car il ne se peut dire combien les
paroles des saints, dites et prononcées avec un
zèle affectueux, et accompagnées de l'esprit de
Dieu, ont d'énergie pour cet effet), après qu'il fut
déjà remonté à cheval pour s'en retourner chez lui,
elle fit apporter l'enfant, afin qu'il reçût la béné-
diction de ce saint, son parrain ; coutume fort loua-
ble, et utilement pratiquée parmi les fidèles. Mais
le saint l'ayant à ces fins reçu entre ses bras, voici
(cas étrange) le cheval, soudain artifice du diable,
qui entra dans une telle fougue, se jetant de çà,
de là, et se démenant d'une façon si horrible, que
personne ne l'osoit approcher, de sorte que, sans
un particulier secours d'en haut, la pauvre mère
ne pouvoit attendre autre chose que la perte assu-
rée de son cher fils et du serviteur de Dieu, dou-
ble sujet d'un deuil inexprimable au cœur pitoyable
de cette sainte dame. C'est pourquoi s'étant retirée
pour ne point voir un si triste et affreux spectacle,
elle eut recours aux larmes et aux prières, avec
parfaite foi et confiance en la bonté de Dieu, ce
que fit pareillement le saint, tenant toujours cependant le petit innocent serré entre ses bras,
beaucoup plus affligé pour le péril de celui-ci que
de son propre danger.

Mais Dieu, qui se tient toujours prêt pour
accourir au besoin des siens, les secourut promptement ; car on vit l'enfant du haut du cheval porté

à terre par une main invisible (1), comme un petit oiseau que l'on voit doucement tomber. Ainsi cet enfant du ciel, par le ministère des Anges (2), comme il est à croire, fut posé sur la terre sain et sauf, le saint prêtre délivré, et le cheval soudainement remis en sa première mansuétude ; ce qui donna de l'étonnement aux assistants, une joie particulière à la sainte mère, et à tous sujet de glorifier la providence de Dieu. L'enfant, ainsi délivré, fut après d'autant plus soigneusement élevé en la crainte du Seigneur et en toutes sortes de vertus, lesquelles il suça avec le lait maternel et l'entremise de divers saints personnages, à savoir : de saint Riquier, dont nous avons parlé, et plus tard des très vertueux prélats et évêques saint Amand et saint Amé, ses directeurs.

Après qu'il eut atteint l'âge compétent, il vint en la cour du roi Théodoric, où était son oncle paternel Erquenvalde, mentionné ci-dessus, un des premiers en crédit auprès du Roi ; et malgré que l'air des cours des princes soit souvent périlleux, principalement pour la jeunesse, ce jeune prince, toutefois, parmi ces orages, demeura toujours ferme en la crainte de Dieu, tant il en était bien pénétré ; de sorte qu'il fit du palais royal un oratoire et une école de vertu. Il savoit du reste si bien

(1) Molanus, Hucbald, manuscrits de Marchiennes et de Saint-Amé.

(2) Aux Offices de Saint-Amé.

allier la dévotion avec les affaires de sa charge, et avec une telle dextérité, que cela donna sujet au Roi de le faire son chancelier, qui est l'une des premières charges de la France. Il ne faut pas toutefois penser que ce surcroît d'honneur lui fit perdre sa première résolution ni l'exercice de la vertu, ou le fit plier comme un roseau au vent des vanités mondaines, comme faisoient plusieurs courtisans de son temps, et comme le font plusieurs autres aujourd'hui ; la sainte éducation qu'il reçut de sa bonne mère, avec les préceptes et instructions de ses divins maîtres, le tenoient trop bien affermi dans la vertu. C'est pourquoi, afin de se donner un contre-poids, il continuoit ses saints et dévots exercices, se rendoit assidu à l'oraison et à la retraite du cœur, et savoit fort bien, à l'occasion, se dérober des compagnies et trouver la solitude au milieu de la cour. Peut-être n'est-ce pas si grand' chose d'être bon entre les bons ; mais, parmi les courtisans, être religieux c'est chose rare ; avec les superbes demeurer humble ; demeurer au milieu des vanités que le monde adore, et si bien garder son âme qu'elle n'en soit point souillée, ce n'est pas moins admirable que de porter du feu en son sein et de ne pas brûler : c'est ce que l'on doit admirer en notre saint Maurand, lequel n'a pu jamais être emporté de ces caresses du monde, qui lui ont toujours été grandement suspectes, les croyant pleines de trahison.

Mais comme les âmes généreuses ne sont jamais contentes, et aspirent toujours à une plus grande perfection, ce noble courtisan, pour assurer son salut davantage et jouir plus commodément des consolations intérieures que la bonté divine versoit continuellement dans son âme, délibéra de quitter tout-à-fait les honneurs et délices de la cour, et se retirer à l'abri de quelque solitude, où ordinairement Dieu conduit ces âmes choisies aux délices spirituelles.

Cependant, sainte Rictrude, ne connoissant pas encore les religieux desseins de son fils saint MAU-RAND, se met en peine pour son salut. Considérant, d'une part, l'infirmité de la jeunesse, et d'ailleurs les périls des honneurs et délices de la cour, crai-gnant qu'attiré par ces appas, il se glisseroit en son âme quelque corruption de mœurs, que l'on voit souvent aux courtisans ; c'est pourquoi ju-geant qu'il étoit expédient, pour obvier aux périls de la jeunesse, de l'adresser à quelque bon ma-riage, elle se mit à penser sérieusement à quelque bon parti sortable à sa condition, afin qu'il pût vivre vertueusement dans les lois d'une sainte alliance. Et en effet, elle avoit déjà jeté les yeux sur une noble et vertueuse dame, la princesse Her-mingarde, qu'elle croyoit être de façon et d'hu-meur convenable à cet effet. Néanmoins, connois-sant très bien l'importance d'une telle affaire, et qu'il est grand besoin de la mener adroitement et avec beaucoup de circonspection, elle en voulut communiquer avec le serviteur de Dieu et son père spirituel saint Amand.

Le saint Evêque, après avoir bien pesé toutes les circonstances de cette affaire, et étant bien informé des propensions, habitudes et façon de vivre de ce jeune prince, (ce qu'il pouvoit avoir appris de lui-même, étant alors au logis de sa mère, qu'il étoit venu visiter), il jugea que c'étoit plutôt la volonté de Dieu qu'il embrassât la vie continente dans l'état monastique, et comme il avoit été auteur à la bonne mère et à ses filles de quitter le monde pour se consacrer au service de Notre Seigneur, ainsi jugea-t-il être plus à propos, pour la gloire de Dieu, que le fils choisît un pareil genre de vie. La sainte mère ne pouvoit rien désirer davantage, mais elle craignoit que son fils, nourri dans les délices de la cour, se ressouvenant de l'odeur d'icelles, ne voulût à la fin retourner, comme les enfants d'Israël, en l'Egypte du monde.

A quoi ce saint prélat répondit que celui qui, au milieu du feu, avoit été par la grâce de Dieu conservé sans se brûler, seroit assez fort par la même grâce pour maintenir son intégrité, étant éloigné des charbons et des flammes; et puisque l'âme de son fils n'avoit été souillée ni polluée parmi ces vanités de la cour, elle le seroit encore moins en étant éloignée. Toutefois, pour marcher en cette affaire avec plus d'assurance, et mieux rassurer et

le fils et la mère, il dit qu'il falloit recommander le tout à Dieu, de qui tout bien procède, et particulièrement le don de continence. Il eut surtout recours au saint sacrifice de la messe, comme le souverain remède de toutes nos nécessités. Il offrit donc ce très digne sacrifice à ces fins, avec le plus de dévotion et ferveur d'esprit qu'il lui fut possible, auquel aussi ce jeune prince ne manqua pas d'assister, priant Notre Seigneur à chaudes larmes qu'il lui plût de lui faire connoître sa sainte volonté. Or, étant en sa plus grande ferveur, voici par la Providence divine, qu'une mouche à miel vient voltiger trois fois à l'entour de son chef, ce qu'ayant aperçu le saint prélat, il reconnut, par inspiration divine, que Dieu appeloit notre saint MAURAND à l'état de continence. Aussi les abeilles portent volontiers le hiéroglyfique de cette belle et angélique vertu.

Ainsi Dieu confirma grandement ses serviteurs en l'élection qui se devoit faire de ce nouveau genre de vie, et sainte Rictrude en demeura toute apaisée, ne lui restant plus aucun scrupule de tout ce qu'elle craignoit auparavant.

Saint MAURAND donc se résolut de quitter le monde à bon escient pour embrasser la croix de Jésus-Christ et se conformer en tout point à la vocation divine, ne pouvant regretter autre chose que d'avoir tardé trop longtemps à cette sainte entreprise.

Jamais on ne vit épouse honorée d'un riche et noble parti, aller avec tant d'allégresse au festin nuptial, que ce noble cavalier en la maison de Dieu, pour recevoir des mains sacrées de saint Amand la tonsure cléricale, et plus tard, l'habit de religion. Aussi est-ce une espèce de mariage entre l'âme et Jésus-Christ, avec cette différence toutefois, qu'au mariage temporel l'épouse quitte ses habits communs pour se revêtir de brocador et de robes emperlées, mais au spirituel on se dépouille des riches et précieux ornements du monde pour prendre une pauvre soutane et un habit contemptible.

Au moyen de quoi le valeureux soldat de Jésus-Christ ne fit aucune difficulté de se dépouiller de la pourpre et du manteau ducal pour prendre l'habit clérical, après que le saint évêque, par un grave et affectueux discours de cette sainte cérémonie, eut amplement déclaré l'excellence et la noblese de cet état avec ses obligations, montrant particulièrement ce qui est signifié par la tonsure ou resécation des cheveux au sommet de la tête, à savoir que le serviteur de Dieu doit retrancher de son cœur les vanités et superfluités du monde, représentées par les cheveux; et quant à la couronne cléricale, que celui qui la porte doit renoncer aux couronnes périssables de la terre, et aspirer après celle qui est éternelle, méprisant et passant pardessus toutes les difficultés et mauvaises rencontres qui voudroient l'en empêcher, n'ayant rien plus à cœur que de gagner Jésus-Christ, qui seul est son patrimoine et héritage; ce qui est aussi représenté par le mot de *clerc,* venant du grec *cleros,* qui signifie la même chose que sort ou héritage.

De plus, saint MAURAND se fit religieux au même monastère, et se rangea sous la discipline de saint Jonat, premier abbé de Marchiennes, établi par saint Amand pour gouverner les religieux en un quartier dudit monastère, tandis que sainte Rictrude gouvernoit les religieuses en un autre quartier séparé au même lieu.

Qui voyoit ce jeune prince en habit de religieux, voyoit un ange, car il avoit une simplicité, modestie, promptitude, obéissance et dévotion toute angélique. Ainsi tout le monde demeure étonné de voir cette jeune plante, transférée de la cour du Roi au jardin dn Seigneur, en si peu de temps tellement fleurir en vertu, que dès aussitôt on la vit chargée de très beaux et très excellents fruits. De sorte qu'étant le dernier des novices, il étoit néanmoins le premier aux exercices de religion, et ce avec tant d'allégresse et de courage, qu'en peu de temps il surpassa tous les autres religieux en sainteté et perfection, leur servant à tous d'un rare et excellent modèle de toutes sortes de vertus.

Cependant, l'honneur qu'il devoit au Roi, après avoir entrepris cette noble et glorieuse résolution,

l'obligea de s'acheminer vers Sa Majesté, pour la
remercier des grandes et signalées faveurs qu'il en
avoit reçues, et prendre congé avec les compli-
ments en ce cas accoutumés.

Jamais on ne fut plus étonné en la cour que de
ces nouvelles, tant les princes demeurent ébahis
de cette résolution et entreprise : en la fleur de
son âge, en l'affluence des honneurs, caresses et
prospérités, quitter tout cela pour mener désormais une vie austère et pénitente, c'est un morceau qui semble extrêmement dur à digérer à
ceux qui n'ont des yeux que pour regarder les
choses superficiellement et en leur écorce ; d'autant que, comme dit fort bien le dévot saint Ber-
nard, les gens du monde voient bien les croix des
serviteurs de Dieu, mais ils ne voient point les
onctions et consolations intérieures que le Saint-
Esprit verse dans leurs cœurs (1).

Le Roi même en a de la peine, et ne sait comment se résoudre à le laisser aller, à cause de ses
belles parties, et du grand appui qu'il avoit en sa

(1) « A quoi pense ce jeune homme ? disaient les courtisans ; ne
compte-t-il pas pour parents treize rois, neuf reines et des ducs sans
nombre ? n'était-il point le grand chancelier du royaume, duc et
comte palatin, en affluence de tout bien et honneurs, allié avec la plus
belle dame de la cour ? De quelle étoffe est son esprit ? que lui faut-il,
vu qu'il donne le ban à tout ce bonheur, et prend parti avec la pau-
vreté, qui est le malheur du monde ? » (a)

(a) Histoire sacrée des saints ducs et duchesses de Douai, page 87.

fidélité et prudence. Bref, on ne peut s'imaginer combien de choses l'on fit pour rompre ce coup. Mais toute la batterie est en vain, d'autant plus que cette belle âme a le cœur si fermement ancré en l'amour de son Dieu, qu'il n'y a effort qui l'en puisse tant soit peu retirer.

Le Roi donc, le voyant si entier en sa résolution, et qu'enfin c'étoit un trait de la main de Dieu, il demeura vaincu, mais avec toutes sortes de témoignages de la bonne satisfaction qu'il avoit reçue de son service, le chargeant au surplus d'une commission non moins utile qu'honorable, qui fut que passant par la ville de Péronne, il prît en sa compagnie le vénérable prélat saint Amé, évêque de Sens, et en fît bonne garde.

Ce saint personnage avoit été faussement accusé, comme infidèle au Roi, par des calomniateurs, et de telle sorte que le Roi, croyant trop légèrement aux dépositions de ces malveillants, et sans avoir premièrement bien examiné le procès, le chassa et bannit de son évêché, l'envoyant en la ville de Péronne, et le donnant en charge au vénérable abbé Ultan, au monastère fondé en cette ville par Erquenvalde, mentionné ci-dessus, oncle paternel de saint MAURAND, lequel le reçut comme un homme de Dieu, connaissant trop bien sa sainteté et innocence et la tyrannie du Roi, et lui fit tous les bons et honorables traitements qu'il lui fut possible. Or, environ dans le moment de la vocation de saint Maurand, ce bon abbé vint à mourir ; de sorte que le Roi prit ici occasion de recommander le saint prisonnier à saint Maurand, afin qu'il en prît la charge à son tour. Charge à la vérité honorable, mais qui lui fut extrêmement salutaire et profitable ; car on ne saurait dire combien il se perfectionna de jour en jour par la continuelle conversation de ce grand serviteur de Dieu ; aussi ne peut-on s'imaginer combien il tâcha, de son côté, de lui rendre service en tout ce qui pouvoit soulager son exil. Le tout certainement arriva non par hasard, mais par la divine Providence, pourvoyant son cher serviteur saint Amé d'un si noble et si saint gouverneur, qui se donnerait ensuite en gouvernement à son prisonnier.

Saint Maurand donc, pour obéir au commandement du Roi, se chargea du saint évêque, et le mena avec lui à Hamage, au monastère que sainte Gertrude, la grand'mère de saint Adalbald, son père, avoit bâti et gouvernoit alors. Or, en passant par la ville de Cambrai, Dieu, par un signe miraculeux, découvrit à saint Maurand la sainteté de ce vénérable prélat son prisonnier ; car, lorsqu'ils furent arrivés en la ville, saint Amé désira d'aller d'abord en l'église Notre-Dame, pour y faire sa prière, ainsi que Notre Seigneur vouloit faire quand il entrait dans la ville de Jérusalem, où étoit le temple. Le saint Prélat donc, entré dans cette église au temps de saint Vindicien, évêque

de Cambrai, voulut, à cause de la lassitude du
chemin, quitter sa chape ou manteau, et pour
montrer que toutes choses sont prêtes à rendre
service aux serviteurs de Dieu, la divine Bonté
voulut que les rayons mêmes du soleil, passant à
travers de la verrière, lui servissent d'appui pour
reposer son habit ; ce qui arriva de la sorte :
comme ordinairement les pèlerins ayant les yeux
frappés de la lumière et ardeur du soleil, en entrant dans un lieu ombragé semblent voir une
chose pour une autre, ainsi ce bienheureux pèle-
rin saint Amé, après la longue fatigue du chemin,
tout ébloui qu'il étoit du soleil, entrant dans la
susdite église, pensoit des rayons du soleil qui
traversoient la verrière, que ce fût comme un
porte-manteau disposé pour recevoir sa chape, où
la jetant elle fut miraculeusement soutenue des
rayons du soleil (1), jusqu'à ce que saint MAURAND,
survenant en ladite église, et étonné de voir le
vêtement de ce saint soutenu de cette façon en
l'air, sans autre ministère que celui des anges, il
reconnut clairement que c'étoit sans doute un
grand personnage doué de quelque rare sainteté
et d'une perfection beaucoup plus signalée que
celle qu'il estimoit pour lors. C'est pourquoi il alla
soudain se jeter à ses pieds, lui demandant humblement pardon de ce qu'il l'avoit à son avis jus-

(1) *Chroniques de Cambrai*, liv. 1er, ch. 22.

que-là traité avec si peu d'honneur, lui offrant
pour l'avenir toutes sortes de services, jusqu'à se
rendre prisonnier et esclave pour lui, s'il étoit besoin. Saint Amé le relève de terre, le console et
l'embrasse étroitement, l'assurant qu'il n'y avoit
rien de sa faute, qu'il l'avoit traité mieux que ses
mérites, et qu'après tout il n'étoit qu'un serviteur
inutile, homme mortel et pécheur, et partant qu'il
ne devoit pas se mettre en peine à son occasion,
le suppliant comme il fait accroire d'une chose qu'il
l'obligea tant qu'il ne manifesteroit à personne ce
miracle pendant sa vie.

Leurs prières achevées, ils poursuivirent leur
chemin à Hamage et de là à Marchiennes, lieu de
la résidence de sainte Rictrude. Mais comme il est
impossible de raconter le contentement que saint
Maurand reçut en ce voyage par les saints discours
de saint Amé, qui lui ravissaient le cœur, aussi ne
peut-on exprimer la joie et allégresse spirituelle
qu'il apporta à sa sainte mère; et non sans cause,
car Jésus-Christ, qui embrasa par ses divins discours les deux pèlerins d'Emmaüs, c'est lui-même
qui parle par la bouche de ses serviteurs, c'est lui
qui anime leur langage et donne la vertu à leurs
paroles.

Enfin, la dévotion qu'ils eurent tous deux à ce
saint homme, à cause de ses rares et excellentes
vertus, s'accrut tellement en peu de jours, qu'ils
furent émus de lui bâtir un dévot monastère en

leur terre de Breuil, que maintenant on appelle
Merville (1), afin qu'il y assemblât bon nombre de
religieux sous la règle de saint Benoît, lui passant
par chirographe la donation des biens qu'ils y
possédoient; laquelle donation fut depuis notable-
ment augmentée par le roi Théodoric, en expiation
de la grande faute qu'il avoit commise, ayant si
injustement banni et jeté hors de son évêché ce
glorieux prélat saint Amé.

Saint MAURAND fut l'un des premiers qui se
rangèrent sous sa discipline audit lieu, et il y fit
de si grands progrès en toutes sortes de perfec-
tions, que saint Amé le désigna avant de mourir
pour son successeur au gouvernement dudit monastère; aussi n'y avoit-il personne qui approchât
de si près de ses mérites que saint MAURAND, et
qui eût les conditions requises pour cette charge.
De manière que saint Amé étant sorti de ce
monde, chargé de mérites et de couronnes, le 13
de septembre de l'an de N.-S. 690, saint MAURAND,
son disciple et vrai héritier de ses vertus, entreprit le gouvernement de cette sainte maison, non
toutefois sans beaucoup de répugnance, et après
avoir employé tous les moyens possibles pour s'en
excuser. Car c'est le propre des âmes saintes de
fuir les dignités avec non moins de souci que les

(1) Les armes de Merville ou Mauranville, représentent dans le haut
de l'écusson les saints Maurand et Amé, et au bas se trouvent les armes
de France (l'écusson aux trois fleurs de Lys).

imprudents les recherchent avec chaleur, sachant
bien qu'il est toujours plus sûr de se laisser gouverner par autrui que de gouverner les autres. En
cette administration, il entreprit à bon escient de
représenter un vif portrait de son glorieux prédé-
cesseur, et de l'imiter de tout son pouvoir dans
les jeûnes, veilles et pénitences, en oraison et per-
pétuelle mortification, et en tous les autres exercices de la religion ; ce qu'il faisoit avec un tel
esprit et activité, qu'il se montroit partout un vrai
patron et miroir de toutes sortes de vertus. Rien
de plus humble ni de plus affable, toujours petit à
ses yeux et croissant de plus en plus au mépris de
soi-même ; et ainsi que les arbres élèvent leurs
branches à proportion qu'ils jettent de profondes
racines, de même ce saint abbé s'élevoit d'autant
plus à la perfection qu'il s'abaissoit profondément
en l'humiliation de soi-même.

Il gouverna ainsi ce monastère environ l'espace
d'onze ans, après lequel temps il plut à Dieu de
l'appeler de cette vie mortelle à la jouissance de
l'éternelle, le jour de l'Ascension, cinquième de
mai, l'an de grâce 701, dans la soixante-douzième
année de son âge, au monastère de Marchiennes,
où il était venu vraisemblablement pour visiter le
sépulcre de sa sainte mère (1), où pour quelque

_____

(1) Sainte Rictrude mourut, à l'âge de 74 ans, le 12 mai 687. La
riche châsse qui renfermait son corps, dit M. Parenty, chanoine d'Arras, dans sa *Vie de sainte Berthe*, (in-18, Arras, 1847), fut envoyée de

autre raisonnable sujet ; et comme il avoit procuré
une sépulture honorable à saint Amé, son prédé-
cesseur, au monastère de Breuil ou Merville, on
lui fit de même à Marchiennes dans l'église du
monastère, près d'un puits que l'on appelle encore
aujourd'hui le *puits saint Maurand,* qu'il avoit fait
creuser exprès pour en tirer l'eau nécessaire au
saint sacrifice de la Messe, jugeant, par une très-
grande piété, qu'il étoit indécent de se servir à un
si saint usage de l'eau commune dont les frères
se servoient pour se laver ; piété que Dieu eut
pour agréable, comme il le démontra par les mi-

Marchiennes, en 1791, à l'hôtel des Monnaies de Paris Un employé de
cet établissement, M. Desrotours, déposa plus tard ces reliques, avec
celles de plusieurs autres saints, à l'archevêché de Paris. Elles y restè-
rent jusqu'au 29 juillet 1830, époque où elles furent dispersées pendant
le pillage du palais de Mgr de Quélen. On n'en trouve plus qu'un petit
fragment conservé dans l'église de Notre-Dame de Paris.

La châsse de sainte Rictrude pesait environ 67 kilogrammes. Fabri-
quée à Douai en 1531, par Antoine Poveur, orfèvre, elle avait coûté à
Jacques Coëne, abbé de Marchiennes, qui en fit présent à son abbaye,
la somme de 13,127 livres 14 sols 6 deniers parisis, sans compter les
pierreries magnifiques qui la couvraient. Elle était décorée de sta-
tuettes, de reliefs, de ciselures, qui en faisaient, avec la châsse de
sainte Eusébie, aussi donnée à son monastère par le même abbé, les
œuvres les plus belles de ce genre répandues dans les Pays-Bas, au rap-
port du P. Lhermite. Cette dernière châsse, faite aussi par l'artiste
douaisien, pesait 73 kilogrammes, et avait coûté, en dehors des joyaux,
des pierres précieuses, et d'un morceau de corne du licorne donné par
la comtesse de Buren, 13,480 livres. (Voir cartulaire de Dom Coëne,
cité par M. Charles de Linas dans son *Etude sur Jacques Coëne.* In-8°,
Amiens, 1856.)

racles arrivés en faveur des malades qui buvoient de cette eau, lesquels furent guéris.

Or, la divine Providence ayant destiné saint MAURAND pour devenir le singulier défenseur et patron tutélaire de la ville de Douai (1), son sacré corps fut transporté avec grande solennité et applaudissement de tout le peuple, et fut posé en l'église collégiale de Saint-Amé, laquelle fut ainsi appelée depuis que le corps de saint Amé y fut transporté du monastère de Breuil, à cause des persécutions des Normands ou Danois, qui fut l'an 870.

Car elle étoit auparavant nommée l'église Notre-Dame, autrefois bâtie par les aïeux de saint MAURAND, et depuis rebâtie par saint Adalbald, son père, comme étant au fond de son héritage.

Après la translation du corps de saint Amé, les religieux de Breuil, tant pour garder ce précieux trésor que pour tant mieux s'assurer contre les incursions des méchants, furent conseillés de quitter le lieu ordinaire de leur résidence et de se placer à Douai, près ladite église, où ils persévérèrent jusqu'à ce que cette église, de conventuelle, fût changée en collégiale, environ l'an 900 ou à peu près. De sorte que depuis lors, ces deux grands trésors (les sacrés corps de saint Amé et de saint MAURAND) furent honorablement gardés

(1) La ville de Douai a pris saint Maurand pour patron l'an 1478.

par le vénérable collége des chanoines dudit lieu.
Semblable changement à celui de Marchiennes,
où, au lieu des religieuses, furent quelque temps
après mis des religieux, au temps de Bauduin,
comte de Flandre, et de l'abbé Ledunin, troisième
abbé de Marchiennes, et en même temps abbé de
saint Vaast (1). Et certes aussi, il étoit raisonnable
que les corps de ces saints fussent conjoints et
reposassent en une même église et sous une même
couverture, puisque, vivants sur la terre, leur
esprit et leur volonté avoient été si saintement
unis.

Quant à la translation du corps de saint MAU-
RAND de l'abbaye de Marchiennes à Douai, en
l'église de Saint-Amé, bien que l'on ne puisse
assurer en quel temps elle auroit été faite (les uns
lui assignent l'an 900, les autres 985), néanmoins
il est certain qu'il a été élevé en fierte par Aluï-
sius, évêque d'Arras, l'an 1139, en présence du
bienheureux Gossuin, abbé d'Anchin, et de celui
de *Casa-Dei*, que l'on dit être Vironigue, avec une
multitude innombrable de peuple, tant clercs que
séculiers.

Durant cette élévation, on aperçut un cercle
brillant en l'air, lequel ne s'est évanoui des yeux
des assistants que lorsque les sacrées reliques furent mises en fierte.

(1) MOLANUS, au 12 de mai, en sainte Rictrude.

La dévotion du peuple Douaisien à saint Maurand croissant de jour en jour, accrut pareillement la faveur du saint pour la ville, dont, entre plusieurs bénéfices qu'elle a reçus de Dieu par son intercession, il y en a trois plus notables, remémorés tous les ans par trois processions publiques et solennelles, instituées à cette occasion en actions de grâces, ayant été trois fois délivrée des surprises des ennemis par la défense et protection du saint. La première fut l'an 1479, le 16 de juin ; la deuxième, le 6 de janvier 1556, et la troisième, le Jeudi-Saint 1579, auxquelles processions son sacré chef est honorablement porté par les chanoines de ladite église : dont la première se fait le dimanche avant la veille de saint Jean-Baptiste ; la deuxième, le premier jour de janvier, jour de la Circoncision de N. S. ; la troisième, le lendemain du jour de Pâques (1).

(1) « L'an 1479, les ennemis, maîtrisant la ville d'Arras, jetoient leurs yeux et leurs espérances sur Douay. L'appareil étoit fait pour la surprendre avec 4,000 hommes et toutes sortes de machines de guerre, la nuit devant le 16 de juin, malgré que la trêve ne fût pas expirée. A l'heure même de l'exploit, les bourgeois de Douay étoient en prières dans l'église de Saint-Amé, demandant secours de leur patron saint Maurand, et les hommes d'armes bien en point sur les murailles, car ils avoient eu le vent de l'entreprise, qu'un bon ami d'Arras leur avoit adressé par une femme. Le matin, les portes ne s'ouvrirent pas à l'ordinaire ; l'ennemi, qui se tenoit caché dans les blés, avance vers la porte un cheval sans bride, pensant allécher les gardes à sortir. Ce ne fut pas le cheval de Troie, qui portoit en son ventre des gens armés, mais bien le signal qu'ils étoient en embuscade. Ce mot d'avis vole sur

Quant à la dévotion des pèlerins arrivant jour-
nellement en ladite église, pour honorer ses sain-

les remparts, d'où on répond d'un ton horrible avec les canons qu'on
décharge sur le gros des escadrons, qui faisoient les chiens couchants;
plusieurs y demeurèrent, les autres furent habiles à gagner au pied,
laissant toutes leurs machines de guerre, qui servirent de trophées à
l'église Saint-Amé (a). »

« Le plus évident danger advint l'an 1556, la vigile des Rois, lorsque de coutume les gens du monde se laissent tremper plus libérale-
ment dans la boisson et le sommeil. L'ennemi avoit épié l'occasion que
la ville étoit endormie profondément, où il approchoit déjà les échelles,
quand saint Maurand apparoît en songe au sonneur de l'église Saint-
Amé, lui ordonnant qu'il eût à sonner les cloches ; celui-ci s'excusoit
une et deux fois, disant qu'il n'étoit point encore l'heure des matines ;
au troisième commandement du saint, il obéit ; mais à demi-éveillé,
comme il pensoit donner le signal des matines avec le carillon, les cloches sonnoient alarmes et le tocsin, comme l'on fait lorsqu'une place
est attaquée par l'ennemi. Les bourgeois sautent du lit, prennent les
armes, courent sur les murailles, où ils voient le saint qui faisoit la
ronde en habit de religieux parsemé de lys d'or, avec le sceptre royal
en main, et connoissent à vue d'œil que le saint patron avoit défendu
sa ville en leur absence (b). »

« N'a-t-il pas aussi renversé les desseins des Gantois, l'an 1579 (c),
qu'ils avoient sur Douai, le Jeudi-Saint? Quelques traîtres étant entrés
dedans pour soulever le peuple, les rebelles viennent d'Oudenarde toute
la nuit, et se trouvent de grand matin cachés dans les marais, près la
porte de Saint-Albin, en grand nombre. A porte ouvrant, quelques

(a) *Histoire des Saints de Lille, Douai et Orchies*, pages 480 et suiv ,
d'après le récit de Buzelin en ses Annales.

(b) Arnould Wion, 1, 3, *Lignum vitæ*, 6, *janua*. Le P. Arnould Wion,
bénédictin, né à Douai le 1er mai 1554, raconte dans son ouvrage les
détails de cet événement ; il les tient, dit-il, d'un témoin oculaire et
d'un homme grave, de son père, procureur fiscal de cette ville.

(c) Narré d'un chanoine de 80 ans, témoin oculaire.

tes reliques et recevoir par son intercession les faveurs de Dieu, particulièrement la guérison de la langueur des enfants et d'autres maladies, elle s'y voit encore aujourd'hui fort fréquentée et célébrée ; Dieu ainsi honorant la mémoire des saints, conférant plusieurs bénéfices à leur invocation à ceux qui les honorent, comme il fit autrefois à l'ombre de saint Pierre, et des mouchoirs de saint Paul que les malades honoroient et respectoient.

La fête de saint Maurand se célèbre le 5 de mai par toute la ville de Douai (1), et le Révérendissime Paul Boudot, évêque d'Arras, a dernièrement ordonné que quand cette fête arriveroit le jour de l'Ascension de N. S., elle seroit transférée au lendemain. Dieu nous fasse à tous la grâce d'imiter les vertus de ce glorieux saint, et surtout que ceux qui sont héritiers de ses biens le soient aussi de ses vertus. *Amen.*

cavaliers s'avancent à la course ; l'un des gardes, les apercevant, fut inspiré d'avaler le tapcul ; ces ennemis s'arrêtent, pensant que leur entreprise fût découverte et leur mine éventée ; la frayeur se glisse entr'eux, chacun se lève de son quartier et tous font montre à la ville d'environ 18 enseignes, qui rebroussoient chemin à la hâte sans que personne leur donnât la chasse que le saint patron de Douai et le canon sur les murailles. Le chef de la trahison fut trouvé en l'hôtellerie, exécuté à mort et sa tête pendue maintes années sur le beffroi. »

(1) « La ville de Douai, dit le P. Lhermite, chôme la fête de saint Maurand le 5 de mai. Il s'y trouva un téméraire qui voulut la violer par mépris ; mais en présence des témoins qui lui faisoient la correction fraternelle, pensant tailler en drap avec des ciseaux, il se coupa misérablement la main. » (*Hist. des Saints de Douai*, etc., page 484.)

ORAISON A SAINT MAURAND.

Dieu éternel et tout puissant, qui nous avez donné pour patron et défenseur votre bienheureux confesseur saint Maurand, en l'âme duquel vous mîtes un tel dégoût des délices, honneurs et biens temporels, qu'il les quitta tous promptement pour votre service, faites-nous la grâce de jouir perpétuellement de sa protection, et mettez en nous un tel mépris de tout ce qui est ici-bas, que nous ne goûtions désormais que les joies spirituelles et célestes, pour les posséder en l'éternité. — *Amen.*

APPROBATION.

Cette histoire *de la Vie de saint* MAURAND, *abbé,* a été lue par le soussigné, et jugée digne d'être mise en lumière à la plus grande gloire de Dieu et en l'honneur du saint, ne contenant aucune chose contraire à la sainte foi.

Fait en Douai, le 25 de mars 1630.

Gery LESPAGNOL,

Docteur en la S. Théologie,
pénitencier d'Arras et censeur de livres.

SUPPLÉMENT

LE CULTE DE SAINT MAURAND A DOUAI

Depuis le Xe siècle, époque où le corps de saint Maurand a été transporté de l'abbaye de Marchiennes à l'insigne collégiale de Saint-Amé, à Douai, le culte du saint a été constamment en grand honneur. Nous allons en donner une idée par les extraits suivants dont nous indiquons les sources authentiques :

DON A L'AUTEL DE SAINT MAURAND (1034 à 1060.)

« Les serviteurs et servantes de Dieu Wibolde, Tieracle, Odecines, Erliades, Raimone, Erchemburges, Tiébagne, Arburhe et Osquide, donnent au principal autel de Saint-Amé et de Saint-Mau-

RAND, deux écus, payables chaque année le 19 octobre. » (1)

HOMMAGE DU ROI PHILIPPE Ier A SAINT MAURAND (1076).

« Philippe Ier, roi des François, voulant écouter la voix des préceptes divins que le bienheureux MAURAND, fils du duc Adalbald et de sainte Rictrude, a si bien pratiqués qu'il a donné tous ses biens au bienheureux Amé, prélat chassé de son évêché par la tyrannie du roi Thierry, et fait bâtir une église de son propre fonds dans un lieu nommé anciennement Bruel et depuis Merville, où il a établi une communauté de frères qui ont longtemps servi Dieu sous le patronage de ce saint évêque, jusqu'au temps des incursions des Normands, qui ont ravagé Merville et tout le pays des environs. Qu'alors, pour sauver le corps de leur saint patron, ils l'ont transporté à Douay dans une église bâtie par les ancêtres de saint MAURAND et sur son héritage. Cette persécution ayant cessé et Merville étant dévastée, Charles, roi des François, et Arnoul, consul des Flamands, requis par les frères où ils pourroient placer le corps de ce saint, ayant pris conseil des évêques et des principaux de leurs

(1) ARCHIVES DÉPARTEMENTALES DU NORD, *Inventaire général des titres, papiers et manuscrits de l'église collégiale de St.-Amé, à Douai, (de l'an 1024 à 1786).* Registre in-folio de 750 pages.

états, avoient décidé que le corps du vénérable
Amé devoit rester à Douay dans ladite église ;
et par un édit de ces princes, il avoit été statué
que tous les biens et priviléges qui appartenoient
au bienheureux Amé, et dont ses serviteurs jouis-
soient lorsqu'ils étoient à Merville, leur seroient
conservés et attachés à leur dite église de Douay ;
ce qu'on a appris par le témoignage de plusieurs
personnes dignes de foi, et, longtemps après, cette
église ayant été brûlée et tous les titres et papiers
consumés, ledit roi Philippe, voulant réparer ce
malheur et renouveler ce que ses prédécesseurs
avoient fait, acquiesçant à la demande de Robert,
comte de Flandre, de Baudouin, comte de Hai-
naut, et de la comtesse Richilde, sa mère, ainsi
qu'à la prière du très religieux Raymart, prévôt
de Saint-Amé et des chanoines de ladite église, de
même qu'à celle de Gautier, châtelain de Douay,
homme très-zélé pour l'avancement et conserva-
tion de cette église ;

» Confirme, par sa puissance royale, tout ce
qui a été fait par ses prédécesseurs et autres en
faveur d'icelle, et veut que cette église, construite
dans le château de Douay et dédiée à la bienheu-
reuse Vierge, dans laquelle reposent les corps des
bienheureux Amé et Maurand, soit exempte et
libre de toute puissance laïque ; que les chanoines
y servent Dieu sans inquiétude ; que l'âtre, le
cloître et les maisons des chanoines et autres ser-

3

viteurs de Dieu jouissent des mêmes libertés, que tout y soit sous la puissance cléricale, même les maisons des chanoines qui seroient dans le château, hors du cloître, et qu'aucune puissance sécu= lière, soit Roy, soit comte, soit châtelain, ne puisse enfreindre cette immunité. Il accorde aux chanoines le pouvoir d'élire leur prévôt, et défend à tous ses sujets, de quelque qualité qu'ils soient, de faire aucun tort à tout ce qui appartient aux bienheureux Amé et MAURAND ou à leurs servi- teurs, tant en ce qu'ils possèdent qu'en ce qu'ils pourroient acquérir par la suite, soit en biens, soit en droits et priviléges, par donations ou au- trement.

» *Ego* P[P |]S L *Rex Francorum,*

» Et par Manassès, archevêque de Reims; Ric- quez, archevêque de Sens; Thiébaut, évêque de Soissons; Gui, évêque de Beauvais; Ploger, évê- que de Châlons; Amand, évêque de Laon; Raoul, évêque d'Amiens; Raigner, évêque d'Orléans; Rabanc, évêque de Noyon; Valleran, chambellan du Roy; Frédéric, porte-enseigne; Hervé, échan- son, et Hugues, conestable.

» Ecrite et souscrite par Gaufroy, chancelier du Roy et évêque de Paris. » (1).

(*Original en parchemin scellé du grand scel.*)

(1) *Archives du Nord,* Inventaire précité.

LE PAPE NICOLAS IV,

Par une bulle en date du 7 mai 1290, accorde des indulgences pour les fêtes et octaves de saint Amé et de saint MAURAND (1).

JEAN, ROY DE FRANCE, VÉNÈRE A DOUAY LES RELIQUES
DE SAINT MAURAND.

Le Père Buzelin, jésuite, en ses *Annales,* donne le récit suivant de ce qui se passa à Douay lors de la visite du roy Jean, en 1355, dont il a copié littéralement le détail dans le *Livre d'argent de Saint-Amé* (2) :

« Sachent tous ceux qui verront le présent écrit, que l'an du Seigneur 1355, l'illustrissime prince Jean, par la grâce de Dieu roy de France, visitant ses peuples, vint en diligence sur les frontières de Picardie et arriva ensuite le trois des nones du mois de mai de la même année, veille de Saint-MAURAND, dans la ville de Douay, et avec lui vinrent beaucoup de nobles seigneurs : Monsei-

(1) *Archives du Nord,* Inventaire précité.

(2) C'est le livre dans lequel on consignait les faits les plus intéressants pour l'insigne collégiale. — Disparu à la révolution, ce précieux objet est actuellement à Londres, en possession d'une famille anglaise.

gneur Messire Pierre, duc de Bourbon; Jacques
de Bourbon, comte de Ponthieu, alors connétable
de France; Monseigneur Messire Jean d'Artois,
comte d'Angers; Monseigneur Messire Charles
d'Artois, frère de l'avant-dit Monseigneur Messire
Jean; Monseigneur le comte de Fancarville, alors
chambellan de France; Messire Arnulphe de Do-
denthem, chevalier, alors maréchal de France;
Monseigneur le vicomte de Carnin, et un certain
noble chevalier, Robert de Saint-Venant; ainsi que
beaucoup de Révérends Pères en Jésus-Christ.
Monseigneur l'archevêque de Rouen, alors chancelier de France; Monseigneur l'archevêque de
Sens, et un grand nombre de nobles barons et
chevaliers, de même que des clercs, entrèrent
aussi avec lui à Douay.

» Aussitôt qu'on sut la joyeuse entrée dudit
seigneur Roy, les bourgeois de Douay, revêtus
d'habits d'uniformes, et tout le clergé de la même
ville marchant en procession couvert de chappes
de soie, avec la sainte Croix portée par une vénérable personne, savoir Monsieur le Doyen de Saint-
Amé, allèrent par honneur au devant du même
Roy, et les petits et les grands le reçurent avec la
plus grande joie.

» Le Roy traversa à cheval le milieu de la ville
avec la plus grande révérence et dévotion et des-
cendit à l'église de Saint-Amé et non à d'autres.
Après avoir fait sa prière, il fit présent à cette

même église de deux pièces de drap d'or, et le même jour il invita à souper, en présence de tous les assistants, les chanoines de cette même église.

» Le même Roy, le lendemain, jour de la fête de saint MAURAND, retourna à l'église de Saint-Amé et suivit humblement avec le clergé la procession, *et il baisa à cette procession la tête de saint Maurand,* et entendit dévotement toute la messe qui fut célébrée dans cette même église. »

PLUSIEURS CARDINAUX ACCORDENT DES INDULGENCES AUX JOURS DE LA FÊTE ET DE LA PROCESSION DE SAINT MAURAND (1).

« Guillaume, évêque d'Ostie, Roderic, de Porto, et Olivier d'Albanie; Jean, du titre de Sainte-Suzanne; Etienne, du titre de Sainte-Marie au-delà du Tibre; Jean, du titre de Sainte-Praxède, etc., etc., tous cardinaux de l'Eglise Romaine, accordent, le 11 décembre 1482, une indulgence de cent jours, aux fêtes de saint Amé, de saint MAURAND et de sainte Anne, ainsi qu'au 16e jour de juin, jour de la procession de saint MAURAND (2).»

(1) *Archives du Nord,* Inventaire précité.
(2) Cette procession avait été instituée deux ans auparavant.

TRANSLATION SOLENNELLE DES RELIQUES DE SAINT
MAURAND DANS UNE NOUVELLE CHASSE, LE 5 MAI 1638.

Nous trouvons, page 61 du livre intitulé : *Fondation du Couvent de la Sainte-Croix,* etc., par le P. Petit, prédicateur général du couvent des Dominicains de Douai (in-4°, imprimé en cette ville en 1653), le récit suivant d'une nouvelle translation des reliques de saint MAURAND :

« La translation du B. corps de S. MAURAND, patron de Douay, a estée faicte l'an 1638, le 5 de may, avant la messe haute, par M. François Sylvius, docteur en théologie et professeur royal et ordinaire, doyen de cette église de S. Amé. Tous les chanoines de l'église y estants presents, le magistrat de la ville en corps, et un monde de peuple. Les ossements de ce sainct furent publiquement retirez de la vieille châsse qu'on avoit portée sur le jubé, d'où on les monstroit au peuple qui estoit en la nef; de là mis dans un grand bassin d'argent. Le susdict doyen, accompagné de MM. les chanoines, descendants tous du jubé, les apporta au milieu du chœur, où estoit une nouvelle châsse d'argent, artistement faicte avec des figures; en laquelle furent honorablement posez et enserrez ces saincts ossements. Après la messe solemnelle chantée par le sieur doyen, ont esté portez en pro-

cession generale par la ville, et ces MM. (de. S.
Amé) en ceste solemnelle action, nous démonstrè-
rent les effects de leur ancienne affection, ne fai-
sants aultres stations dans quelque église, qu'en la
nostre, où ce B. corps reposa. Nous estions en
ceste procession, de conte faict, plus de cent religieux de l'ordre, y comprenant ceulx de nostre
college de S. Thomas, qui y assisterent.... »

Voici maintenant la description de cette châsse,
que nous donne le P. Petit, dans son *Histoire des
saints Ducs et Duchesses de Douay* :

«.... La nouvelle châsse du corps de saint MAU-
RAND n'a pas sa pareille bien loing à l'environ. Elle
est d'argent solide et très-pur, longue trois pieds
et demy, haute deux pieds, greslée de pierreries,
enrichie de sept colonnes d'un costé et de douze
statues massives d'apostres et d'anges, dont la
plus éminente est celle de S. MAURAND, avec ses
hauts faits gravés dextrement à l'entour et tous
les traicts de l'art. »

VÉNÉRATION PARTICULIÈRE POUR LES RELIQUES DE SAINT MAURAND.

On lit ce qui suit, page 47 du livre précité *Fondation*, etc., du P. Petit, dominicain.

« Au retour des processions generalles, nous
reconduisons processionnellement Messieurs du
Chapitre de Sainct-Amé dans leur église, lors-

qu'ils sont accompagnez, ou du venerable Sainct
Sacrement, ou de la teste, ou du corps de sainct
MAURAND, et non autrement : alors nous demeu-
rons sur la rue à la première grande porte du couvent, leur faisant la reverence quand ils passent
processionnellement devant icelle porte, en re-
tournant dans leur église. »

SOMME ACCORDÉE PAR LE MAGISTRAT DE DOUAI, POUR LE
RELIQUAIRE DU CHEF DE S. MAURAND (5 avril 1679).

« Sur la remontrance des sieurs princes de la
Confrérie du glorieux saint MAURAND, prétendant
que leur fût accordée quelque somme pour déco-
ration et embellissement des reliques dudit saint,
sous offre d'y graver les armes de la ville :
» A été résolu de leur accorder le nombre de
quatre cents patacons, à prendre et lever à la
charge des adjudications des plus notables impôts
à passer prochainement. »

M. FRANÇOIS HOUZEAU, CHANOINE ET GRAND-CHANTRE DE
SAINT-AMÉ, OFFRE AU MAGISTRAT DE DOUAI UNE SOMME
DE NEUF CENTS FLORINS, POUR PARFAIRE LE PRIX DU
RELIQUAIRE RENFERMANT LE CHEF DE SAINT MAURAND.

Sur la remontrance faite en l'assemblée du
Conseil y tenue par M. François Houzeau, chantre

et chanoine de l'église collégiale de Saint-Amé en
Douay, de laquelle de mot à autre la teneur s'en
suit :

« Le soussigné chantre et chanoine de l'église
collégiale de Saint-Amé en Douay, ayant appris
du sieur de Leviq, secrétaire de son Chapitre, que
Messieurs du Magistrat avoient accordé quatre ou
cinq cents patacons pour la construction d'un nouveau chef de saint MAURAND, patron de la ville,
mais que cette somme ne pourroit suffire davantage que pour la moitié de la dépense, il vient
suggérer à mesdits Sieurs un moyen plausible
pour y subvenir, et déclarer que le feu Bon
Houzeau, son père, vivant receveur du collége
de Saint-Vaast, lui a dit qu'il a toujours douté
d'avoir reçu une année de deux rentes du collége
sur ladite ville, portantes ensemble neuf cents
florins, laquelle il ne lui sembloit pas être due :
pour ces causes, Messieurs, et pour la décharge de
l'âme dudit sieur son père au cas de besoin et la
sienne, qui seule reste à présent pour en donner
connoissance, ledit soussigné est content d'appli-
quer lesdits neuf cents florins pour contribuer aux
frais dudit chef, et autrement moyennant de par
lesdits Sieurs du Magistrat décharger absolument
ledit Sieur chantre et les Sieurs de ladite somme,
au cas que peut-être ci-après elle seroit trouvée
être véritablement due, et en tous cas de ladite
somme ainsi appliquée le mérite en demeurera

aux donateurs, sans que rien puisse empêcher de
dire que mesdits Sieurs du Magistrat ont, d'une
main libérale, donné tout ledit chef, auquel effet
ils pourront y apposer leurs armoiries.

» Fait audit Douay ce dernier janvier 1680. —
Etoit signé : Fr. Houzeau. » (1).

Vue cette remontrance et considéré son testa-
ment, en secondant les intentions dudit sieur re-
montrant, avons consenti et consentons que la
somme y reprise puisse retourner à l'embellissement du Chef dudit saint Maurand, et pourquoi,
autant que faire pouvons, en avons déchargé et
déchargeons ledit sieur Houzeau, sans que cette
ville puisse la répéter cy-après, au cas qu'il se
trouveroit les deniers en question lui être dus et
devoir appartenir.

(1) La paroisse de Saint-Jacques à Douai possède la continuation
d'une fondation à perpétuité, faite en 1700, par M. François Houzeau,
en la collégiale de Saint-Amé, en la même ville, à charge de services
religieux.

LA PROCESSION DE SAINT MAURAND

DITE PROCESSION DE LA VILLE DE DOUAI

Les archives communales de Douai contiennent un titre constatant qu'en 1480, une procession générale fut établie *en l'onneur de Dieu, de toute la Cour célestiale et de Monsieur sainct Maurant.* Cette procession, la plus solennelle, renouvelée chaque année, avait lieu au mois de juin (1), et se nommait procession de la ville. Le cortége, des plus nombreux, se composait des quarante-deux corps de métiers avec leurs emblêmes, leurs torches garnies de fleurs, et les mayeurs portant chacun le patron de la jurande ; puis les communautés religieuses, les confréries, le clergé des paroisses de Notre-Dame, St-Jacques, St-Albin, St-Nicolas, les Chapitres des deux collégiales de Saint-Amé et de Saint-Pierre, revêtus de leurs riches ornements. Au centre de la procession paraissaient les images des saints et les précieux reliquaires (2), parmi lesquels se distinguait, par sa

(1) En 1771, elle fut fixée en juillet, par ordonnance de M. de Conzié, évêque d'Arras (jusqu'à la Révolution, la ville de Douai a fait partie du diocèse d'Arras), confirmée le 6 juin de la même année, par le roi Louis XV.

(2) Voir, pour se faire une idée du nombre de bustes et reliquaires possédés par l'insigne collégiale de Saint-Amé, à Douai, *le Précieux Diadéme*, par le P. Willart, dominicain. In-4° Douai, D. Bellère, 1645.

magnificence, la châsse contenant le corps de saint
MAURAND, porté par les prêtres bénéficiers de St-
Amé, et dont l'auguste Chef était porté dans un
reliquaire particulier, par les chanoines de Saint-
Amé ; puis venaient enfin l'Université, le Siége
Royal de la Gouvernance, l'Echevinage, en un
mot tous les corps constitués. Les quatre compagnies de serment escortaient la procession, où se
faisaient entendre différentes musiques.

On voyait ensuite se dérouler des représenta-
tions symboliques et religieuses à cheval et en
chariot, et, parmi les chars de triomphe, celui de
saint MAURAND, le plus beau de tous, le seul qui
fût équipé aux frais de la ville, et sur lequel un
jeune homme, couvert d'un manteau fleurdelysé,
le sceptre à la main, la couronne ducale en tête,
et entouré de tous les insignes de la sainteté, re-
présentait le patron de la cité.

La fête était annoncée la veille par le son de
toutes les cloches de la ville, et c'était *Maurandine*,
le bourdon de St-Amé, *d'une grosseur merveilleuse,*
comme disent les anciens auteurs, et qui n'était
mise en branle qu'aux bonnes fêtes, qui donnait le
signal (1).

_____

(1) On lit à ce propos dans un programme officiel des fêtes célébrées
à Douai, en mars 1749, pour la publication de la paix, la motion sui-
vante : « Le *Te Deum* sera annoncé le 8 mars au soir par la cloche du
beffroy et la principale des deux collégiales ; ces trois cloches, quoique
dans différents clochers, forment un accord parfait et la plus belle son-
nerie qu'il y ait dans toute la Flandre. »

Pendant la cérémonie, les portes de la ville étaient fermées, la circulation des voitures interdite, et le canon grondait sur les remparts.

Nous avons dit que les chanoines de Saint-Amé portaient à la procession le Chef de saint Maurand. Jamais cet illustre et vénérable Chapître, qui ne relevait que du Saint-Siége, n'a laissé à qui que ce fût l'honneur de partager avec lui ce précieux fardeau. Nous en avons encore la preuve sous les yeux dans deux placards manuscrits provenant de la Collégiale de Saint-Amé, des années 1784 et 1786, signés Gavelle, chanoine et secrétaire du Chapître, et indiquant les noms des chanoines qui, quatre à la fois, devaient prendre la sainte relique du patron de Douai, avec la désignation des lieux où les changements s'opéraient.

Voici le texte d'un de ces placards, où on trouve des noms appartenant aux plus honorables familles de Douai :

IN SUPPLICATIONE GENERALI HUJUS CIVITATIS 9a JULII 1786.

VENERABILE SANCTI MAURONTI CAPUT DEFERENT.

Ab hac ecclesiâ ad ecclesiam S. Petri :

DD. Descamps, d'Haubersart, Chevalier, Mellez.

Ab ecclesiâ S. Petri ad Beatœ Mariœ Virginis :

DD. Parfait, Gavelle, de Bacquehem, du Chastelet.

Ab ecclesiâ B. Virginis ad domum civicam :

DD. Froissart, Maroniez, Gavelle, du Chastelet.

A domo civicâ ad hanc ecclesiam :

DD. Majault, Legrand, Ernotte, Dewery.

EJUSDEM S. CORPUS VENERABILE DEFERENT.

1. M^{gri} Froissart, Dewalle, Delacroix, Cartigny.

2. M^{gri} Chevalier, Manie, Planchon, Derin.

3. M^{gri} Dusauchoy, Duchesnoy, Delorme, Marteau.

4. M^{gri} Delferiere, Villers, Godescaux, Legris.

*Qui omnes sive per se sive per alium altitudine parem locis assigna-
tis ad esse studeant.*

De mandato VV. DD. meorum de Capitulo :

GAVELLE, *Can. et Secret.*

Il ressort de cette citation que la procession
solennelle de la ville en 1786, sortie de Saint-Amé,
allait successivement aux églises Saint-Pierre et
Notre-Dame, pour revenir par la maison de ville,
avait singulièrement raccourci son parcours ; car
autrefois, cette procession, partant de grand matin
de la collégiale de Saint-Amé, se rendait aussi à
Saint-Pierre, puis à Notre-Dame, où se chantait
une messe solennelle ; après l'office divin, la procession montait le rempart qu'elle parcourait dans
toute son étendue, en mémoire de ce que le saint
patron de Douai avait autrefois parcouru ces mêmes remparts pour défendre la cité menacée. A
chaque porte était un reposoir. Sur la porte d'Arras, un banquet, appelé le *banquet du déjeusner,*
était préparé par le portier *à MM. les gens d'église,
eschevins, six-hommes, conseils et autres personnes
notables.* La procession, revenant ensuite repren-
dre à la file la partie du cortége qui n'avait pu la
suivre sur le rempart, retournait à Saint-Amé.

Eglise St. Jacques à Douai (Nord)

St. MAURAND.
(634–701)
Patron de la Ville de Douai.
fils de S! Adalbald, duc de Douai et l'un
des fondateurs de ladite ville, et petit-fils
de Clotaire II, roi de France.

Lith Robert et Lepage, Douai.

LE CULTE DE SAINT MAURAND

APRÈS LA RÉVOLUTION.

On a vu, dans l'ouvrage du chanoine Pollet, que la dévotion à saint MAURAND avait pris, à travers les siècles, un grand accroissement; dès l'année 1528, on *chômait* le jour de sa fête, et cet usage s'est maintenu jusqu'à la révolution.

La statuaire, la peinture, le burin avaient redit *les hauts faits* du patron de la ville. L'église de Saint-Amé était décorée de statues représentant le saint et sa famille, dont quelques-unes ont échappé au marteau révolutionnaire, ainsi qu'un très-petit nombre de tableaux et gravures. Nous citerons, parmi les tableaux, la belle toile d'Arnould de Vuez, représentant l'*investiture de saint Maurand,* et que l'on voit dans l'église Saint-Pierre; un autre, venant aussi de Saint-Amé, retraçant la scène de l'adoration des Mages, où l'on fait intervenir saint Maurand et saint Amé, ainsi que saint Onésime et saint Gurdinel, honorés dans l'illustre collégiale. Ce tableau a été donné à l'église Saint-Jacques par le vénérable M. Levesque, son ancien grand-doyen. Enfin, nous possédons nous-même une gravure sur cuivre très curieuse, dont nous allons donner la description : Elle est en forme de

bannière à pointe, et représente saint Maurand
dans son costume royal, avec deux blasons fleur-
delysés; sur le devant d'un fond de paysage mon-
tueux, sont des individus qui viennent servir le
saint : c'est une femme agenouillée avec deux
enfants dont un au maillot; un personnage riche-
ment vêtu (costume du siècle de Louis XIV); un
pauvre mendiant qui jette sa béquille ; ces deux
derniers mettent un genou en terre et sont dans
l'attitude de la reconnaissance. Cette planche est
bien gravée. On la croit de Martin Baes, de Douai.

A l'époque de la révolution, nous ont dit plusieurs personnes contemporaines, entre autres le
vénérable M. Levesque, le corps de saint Maurand
a dû être caché dans le jardin du refuge de l'abbaye
d'Hénin-Liétard, situé à Douai, rue des Vierges,
lequel comprenait tout le terrain depuis la maison
portant encore son nom jusqu'à celle qui fait le
coin de la rue des Vierges et de la rue d'Equer-
chin; mais, comme cette propriété a été depuis
divisée, il serait difficile de retrouver aujourd'hui
ce précieux dépôt. Quelques reliques du saint, qui
avaient été données en divers lieux par le Chapitre
de Saint-Amé, ont échappé à la destruction. L'une
de ces reliques se trouve chez les religieuses hos-
pitalières de St-Ghislain, près Mons (Belgique),
une autre est conservée chez les Carmélites de
Tournai.

Après la tourmente révolutionnaire, la dévotion

à saint Maurand a repris avec un nouvel éclat à Douai. Bien des personnes le choisirent pour patron de leurs enfants ; des corporations le prirent pour leur protecteur.

La fête de saint Maurand se célèbre le 5 mai. C'est, à Douai, une fête de première classe, avec octave. La solennité est remise au dimanche qui suit le 5 mai, quand cette date n'est pas un dimanche.

De nombreux pèlerins viennent constamment honorer saint Maurand dans l'église paroissiale de Saint-Jacques à Douai, qui a remplacé la collégiale de Saint-Amé. Leur pèlerinage a généralement pour but la guérison des enfants. On y conserve deux parcelles des reliques et une belle statue de saint Maurand, provenant de cette même et illustre collégiale.

4

LA FONTAINE SAINT-MAURAND

La rue de la Fontaine-Saint-Maurand, aujour-
d'hui renfermée dans un espace si étroit, avait
autrefois son entrée sur la place du Marché-au-
Poisson, derrière le Minck. Un pont en pierre
traversait la Scarpe. D'abord nommé pont du Châtelain et des Orphelins, il porta ensuite le nom de
Saint-Maurand.

Le 25 juillet 1310, ce pont s'écroula ; cet acci-
dent coûta la vie à quatorze personnes, et plusieurs
autres furent blessées.

Le 18 avril 1821, on démolit le pont Saint-Maurand, ainsi que quelques maisons adjacentes, pour
la construction du quai portant le nom du Saint.

Dans l'angle au nord de la rue précitée se trouve
la fontaine Saint-Maurand, célèbre depuis le XI°
siècle.

« Elle commença en ce temps, dit le Père
Lhermite (1), à espandre abondamment sa vertu
contre les maux de gorge et toutes sortes d'infir-

(1) *Histoire des Saints de Lille, Douai et Orchies*, page 256.

mités, laquelle a coulé six cents ans, faisant reluire jusqu'à nos yeux des guérisons admirables. »

Cette fontaine était autrefois entourée d'une
grille en fer, où de petites écuelles se trouvaient
suspendues à des chaînes pour y puiser. Dans
l'enfoncement de la muraille se voit encore une
niche qui contenait une statue du saint patron de
Douai. La fontaine est aujourd'hui renfermée et
couverte. On y a fait une pompe où beaucoup de
personnes viennent, même de loin, comme jadis,
boire et emporter de l'eau par dévotion, ou pour
obtenir la guérison des maux d'yeux, de bouche
ou de gorge.   L. D.

LA VIE DE SAINT MAURAND

EN VERS WALLONS DU XVIᵉ SIÈCLE.

La Vie de saint MAURAND, en vers wallons, composée par N. Férou en 1528, se trouvait exposée aux regards dans la chapelle de saint MAURAND en l'église Saint-Amé, à gauche ; elle était écrite sur du parchemin attaché à un tableau de bois et recouvert d'une vitre (1).

VIE DE SAINCT MAURANT (2)

I.

Très noble sainct, oultre humaine noblesse,
Noble deux fois ains que fut tout morant,
Noble en parens et plus noble en humblesse,
Quand tu laissa le monde qui trop blesse
Pour avecq Dieu estre rememorant,
Qu'il soit ainsi, glorieux sainct MAURANT,
De Lothaire, roy de France munye,
Prit ton pere regale progénie,
Estant martyr Adabalde nommé,
Et ta mère, dame de Wasconie,
Saincte Rictrude t'eust pour fils bien-aimé.

(1) Dom de Beauchamps, Hist. *Franco-Merovingicæ*, Douai, 1633, in-4°, page 271.

(2) *Archives du Nord,* Fonds de Marchiennes.

II.

Treize Roys sont de ton sainct parentaige,
Dont descendue est la noblesse au monde ;
Neuf Roynes, cincq duqcs et davantaige,
Quinze sainctes sont pour noble partaige
Du sainct arbre qui telz fruicts purge et munde :
Saincte Clotsende, Eusèbe, Adelsend monde
Furent tes sœurs ; sainct Waudregil famé,
Et sainct Arnulph, évesque renommé,
Saincte Gertrud, saincte Ycte et saincte Berthe,
Avecq plusieurs que je n'ay ci nommé,
Sont tes parents : la chose est tout aperte.

III.

Un bon arbre toujours un bon fruict porte,
Comme on cognoist du costé paternel,
Qu'Erembaldus ton oncle fonda porte
Et l'église de Peronne où on porte
A sainct Fursy honneur ; du maternel
Sainct Ernold qui veut le bien éternel
Ton grand père fut, et ta grande mère
Saincte Lichie, en quoy fut nette et meure
Ton enfance ; car oncque ne cessa
Ta mere tant qu'elle fut la commère
De sainct Riquier lequel te baptisa.

IV.

A sainct Riquier volt Dieu monstrer l'envie
Que le diable contre lui suscita,
Quand ta mère du Sainct Esprit ravie,
Qui te portoit petit enfant en vie,
Pour toy bénir par le sainct qui monta
Sur son cheval qui derrier se jetta,
Puis chà, puis là, tant que sans la prière,
De tes parens, tu eusse rude chière ;
Mais tost cessa la rage forchenée,
Lorsqu'en priant s'en fuit en fumière
Le diable qui fallist ceste journée.

V.

Le doulce attrait de ton adolescence,
Le clèr engin duquel tu abondois
En bonnes meurs, ton humble erubescence,
Ton beau maintien, ta belle corpulence,
L'illustre lieu duquel tu descendois
Te mist en court, en laquelle excedois,
Après le Roy, tous les nobles de France ;
Car du Roy fus par ta volonté franche,
Le chancelier et nommé connestable,
Gardant tousjours de villaine souffrance
L'honneur de Dieu et de toy comme stable.

VI.

En jonesse, par stimul de nature,
Une noble pucelle, gracieuse
Tu espousas ; mais par l'utile cure
De sainct Amand, tu mis la paine et cure
De eviter la vie voluptueuse,
Dont ta mère eut joye sollacieuse,
Quand pour garder la pure chasteté,
Tu t'absenta, pour la divinité
Mieux contempler, et te volu partir
Sans l'attoucher, qui fut en vérité
Faict noble assez pour estre dit martyr.

VII.

Toy persistant en ton propos honeste,
De tonsure receus le noble signe
Par sainct Amand et fus clercq sans moleste
Lequel receu, une chose céleste :
Ce fut un ez qui purité désigne,
Lequel fit par trois fois ung cercle insigne
Dessus ton chief ; lors te donna entendre
Comment le hault fait au hault lieu contendre
Et par rondeur s'entend perfection ;
Ausquelz saincts motz tu sceus si bien attendre
Qu'oncques depuis ne fis désertion.

VIII.

Car tous tes biens pour le divin service
Tu volz alors soubit distribuer,
Pour fonder lieu auquel tu fus novice
Et notable moine sans quelque vice.
Affin d'à Dieu honneur contribuer
Tu te laissa le tiltre attribuer
De diacre ou d'estre nommé lévite ;
Mais pour fuir orgueil qu'ung bon évite,
Jamais n'osis arriver à prestrise,
Tant humble estois, combien que droit t'invite
D'avoir d'abbé sur les moines maistrise.

IX.

Pour t'apprendre à ouvrer en la sacrée
Vigne de Dieu, après que fus famé
D'estre abbé de vie bien réglé,
Dieu t'envoya, pour œuvre consolée,
Ung beau trésor, lequel fut sainct Amé,
Le bon pasteur des dévotz reclamé
Quand exul fust sans cause à Péronne,
Lorsque volut la régale couronne
Qu'avecq tes gens fust mis à Menreville,
Il augmenta le bien qui t'environne ;
C'est la grace que ne ha pensée vile.

X.

Lorsqu'à Cambray messe dire voloit,
Le sainct Amé feit voir visiblement
Que Dieu l'aimoit et puis ne le celoit.
Quand le soleil audict sainct famuloit,
Qui de ses rays soubstint totalement
Sa cappre en air, lors caritablement
Te prosternas lui demandant pardon,
Et présentant toy et tes biens par don,
Ce qu'il receupt pour don si gracieux
Qu'oncques depuis ne sceut par son lardon
Le diable oster vostre veuil précieux.

XI.

Que diray-je de la semence exquise
Qu'avez semez : ce m'est chose impossible.
Douay, Arras, Austrevant ont acquise
La foy par vous qui doibt estre requise.
Que diray-je l'austérité possible
Que tu as eut pour estre en Dieu paisible,
En l'an sept cens et ung, quand t'eus receu
Cinq jours en may, le bien qu'avois percheu ?
Pas n'est en moy, mais qu'ès haulz habitacles,
Tu ayes pooir, l'homme, s'il n'est déchut,
Assez le voidt par evidens miracles,

XII.

Ton corps estoit reposant à Marchiennes,
Quand un signeur mesprisant tes reliques,
Voloit ravir ton droict, les rentes tiennes,
L'immunité du lieu pour faire siennes
Et molestoit les bons frères pudicques;
Mais touché fut par ultions céliques,
Quand au retour son cheval le jetta
Au fond d'un puis mort; aussi s'absenta
L'an quinze cens qu'on dit vingt et un mains,
L'honneur franchois, quand à Douay tu vins
Dessus les murs, armé de corps et mains.

XIII.

L'an mil ung cent trent et neuf fut transmis
Ton précieux corps en fierte nouvelle.
Lors on perchut, comme coronnes mis,
Plusieurs cercles luisans à tes amis.
En a Douay, par grace supernelle,
Tu préserve de guerre criminelle
Ceste ville contre insidiateurs.
Gens prisonniers, langoureux, viateurs,
Goutteux, boiteux, podagres inutiles
Sont tous gueris, s'ils sont implorateurs
D'avoir par toy les aides utiles.

XIV.

Glorieux sainct, protecteur nécessaire,
Refuge seur et patrocinateur
Qui l'imparfait de membres peut parfaire,
Aider, refaire et ce qui nuit deffaire.
De mon affaire, entend moi, vrai tuteur
Selon mon cœur ; je suis ton serviteur,
Implorateur de portion de grace,
Fay moy suivre de la vie la trace,
Pour avecq toy véant Dieu face à face,
Fruiz En Regne Opérant Vérité (1).

(1) Les cinq lettres initiales de ce dernier vers forment le mot FEROU, nom de l'auteur du poème.

TABLE

—

SUPPLÉMENT.

Douai. — Imprimerie L. Dechristé, rue Jean-de-Bologne.